青史流光：跨越时空的那些人

汉武帝传

编著：宫浩奇

绘者：小马车图书

中国戏剧出版社
CHINA THEATRE PRESS

图书在版编目（CIP）数据

汉武帝传 / 宫浩奇编著；小马车图书绘． — 北京：
中国戏剧出版社，2023.1
（青史流光：跨越时空的那些人）
ISBN 978-7-104-05284-5

Ⅰ．①汉⋯ Ⅱ．①宫⋯ ②小⋯ Ⅲ．①汉武帝（前156-前87）—传记 Ⅳ．① K827=341

中国版本图书馆 CIP 数据核字（2022）第 177638 号

汉武帝传

责任编辑：肖　楠
项目统筹：康祎宁
责任印制：冯志强

出版发行	中国戏剧出版社	印　刷：	保定市铭泰达印刷有限公司
出 版 人：樊国宾		开　本：	710mm×1000mm　1/16
社　　址：北京市西城区天宁寺前街 2 号国家音乐产业基地 L 座		印　张：	78
邮　　编：100055		字　数：	280 千
网　　址：www.theatrebook.cn		版　次：	2023 年 1 月　北京第 1 版第 1 次印刷
电　　话：010-63381560（发行部）　010-63385980（总编室）		书　号：	ISBN 978-7-104-05284-5
传　　真：010-63381560		定　价：	298.00 元（全 10 册）

读者服务：010-63381560
邮购地址：北京市西城区天宁寺前街 2 号国家音乐产业基地 L 座

版权专有，违者必究；如有质量问题，请与出版社联系调换。

沁园春·汉武帝

未央长安,青凤夜入,苍龙日游。
感推恩一令,百戚作古。
尊儒几策,千载为舟。
北寇眉攒,西夷股栗,南岭长白一战收。
览青史,丝绸凿空路,万古风流。

庙堂山海悠悠,惜紫阙、雕甍爱恨稠。
叹金屋娇女,空吟长赋。玉宫贵子,但挽思楼。
皇后夫人,婕妤更有,缕缕香魂绕冢休。
巫蛊泪,洗却情脉脉,罪己孤愁。

姓　　名	**刘彻**
在位时间	西汉景帝与昭帝之间
主要事迹	颁布推恩令，反击匈奴，实行盐铁官营，开辟丝绸之路，罢黜百家、独尊儒术，平定卫氏朝鲜，收复南越，巫蛊之祸，轮台罪己
关联名人	陈阿娇、卫子夫、董仲舒、主父偃、卫青、霍去病、张骞、李广利、李夫人、李延年、钩弋夫人
文化标识	金屋藏娇、通西域、长门怨、设年号、倾国倾城、思子宫、望思台、秦皇汉武

历史背景

公元前202年，刘邦在秦朝的废墟上建立起了庞大的大汉帝国。帝国建立初期，饱经战乱蹂躏的中华大地并未恢复平静，内有诸侯王作乱，外有匈奴族入侵，民生凋敝，百废待兴。刘邦的后半生不得不在平息叛乱、抵御外敌、整修内政三条线上来回奔波。在平息叛乱上，他顺利剪除了内部的叛乱分子，但元气大伤，很多优秀的人才因此被翦除，甚至自己也身中箭伤，埋下了病根。在抵御外敌上，他御驾亲征，想要彻底将匈奴击败，却惨中敌计，被围困于白登山，差点丢掉性命，最后不得不采取屈辱的和亲之策，换来敌人的短暂罢兵。在整修内政上，他采用"黄老学说"治国，无为而治，轻徭薄赋，与民休息，让被破坏的生产秩序逐渐恢复。刘邦去世后，其子汉文帝、其孙汉景帝都延续了汉初的内政外交政策，从而使得汉朝的元气逐步恢复，国家实力日益壮大，此段历史被后世称为"文景之治"。等汉景帝之子汉武帝刘彻继位时，汉朝国力已经相当强盛。在汉武帝的统治下，大汉王朝开始变得锐意进取：对内大兴改革之风，加强中央集权，对外四处开疆拓土，沟通外国。大汉的繁荣、强盛让国内百姓自豪无比，大汉的自信、自强也穿越空间，影响到其他当时未知的世界。

故事线索

开疆土·泪巫蛊
kaijiangtu leiwugu

臧儿嫁女　　梦日而生　　馆陶结盟

平定南越　　探索西南　　和亲乌孙

讨伐朝鲜　　子夫入宫　　后位之争　　延年荐妹

刘彻称帝

祖母干政

推恩妙计

酎金夺爵

开辟丝路

大败匈奴

独尊儒术

巫蛊之祸

轮台罪己

托孤霍光

出身平淡

汉武帝刘彻是汉朝的第七位皇帝,其父是我国封建社会第一个治世——文景之治的创立者之一汉景帝刘启。母亲王娡是汉景帝的第二任皇后。他的外祖母叫臧儿,是秦末反秦义军首领燕王臧荼的孙女。臧荼在汉初刘邦诛杀异姓王时,因谋反被杀,以致家道中落。臧儿只能嫁给一个叫王仲的平民,生有一子二女,分别叫王信、王娡、王儿姁。后来王仲去世,臧儿又嫁给了长陵田氏,生了两子:田蚡、田胜。王娡刚成年,即被母亲臧儿做主嫁给了平民金王孙,生下女儿金俗。无论臧儿、还是王娡,包括她们的子女,这些人的一生本来会非常平淡,不值一书,但一次算命改变了他们的命运。

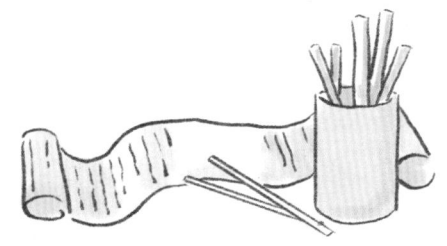

青史流光：跨越时空的那些人

逼女离婚

臧儿一时心血来潮，找一算命的给子女相面。结果一相之下不得了，说两个女儿都贵不可言，尤其是王娡，以后可能当皇后。臧儿大喜。当然，她没有愚蠢到让自己一穷二白的女婿金王孙像她的爷爷臧荼一样谋反。心思活络的她想到了另外一个办法，把女儿王娡送给当今的太子刘启，这样不就有可能实现这个愿望了吗？可是王娡早已为人妇，这可怎么办呢？在臧儿看来，自己都再婚了，女儿也可以再婚嘛！于是她逼着女婿和女儿离婚。金王孙自然不愿意将自己如花似玉的老婆拱手让给别人，哪怕这个人是太子。他激烈反对，但面对彪悍的丈母娘也无能为力，只能眼睁睁看着王娡被送进了太子府。

红日入怀

太子刘启身边其实已有妻妾，他的正牌妻子是被他的祖母薄太后指婚的薄氏女子薄姬，但刘启并不喜欢这个包办婚姻而来的女子，所以二人的婚姻**名存实亡**，并没有子嗣。除此之外，还有栗姬、程姬等女人。特别是栗姬，她为刘启诞下了长子刘荣，这在母以子贵的时代是非常重要的加分项。所以进入太子府的王娡面临的挑战并不小，但幸运的是，刘启对王娡一见钟情，非常宠爱。后来，王娡又在刘启面前夸赞自己妹妹王儿姁美貌非凡，心花怒放的刘启很快把王儿姁也纳入了太子府。王娡一连为刘启生下三个女儿，然后又怀孕了。这次怀孕时她梦到了一轮红日滚入怀中，被刘启视为大吉兆。

馆陶固位

不久,汉文帝驾崩,太子刘启继位,是为汉景帝。同一年,梦日入怀的王娡生下了未来的汉武帝——刘彻。因为母亲受宠,且聪明伶俐,幼年时的刘彻颇受汉景帝青睐,四岁的时候就被封为胶东王。但横亘在王娡、刘彻母子争夺皇权道路之上的还有栗姬母子。栗姬也一直很受景帝宠爱,而且她的儿子刘荣已经被册封为太子。按照常理,刘彻是不太可能继承皇位的。但就在这时,事情出现了转机。汉景帝的姐姐、汉文帝的长女馆陶公主刘嫖想要巩固自己的地位,因此想让自己的女儿嫁给汉景帝的孩子,结个姑表亲。她首先看上了已经成年的太子刘荣,于是兴致勃勃地找到了太子的母亲栗姬商量此事。

亲上加亲

　　馆陶公主刘嫖做梦都没有想到,自己以公主之尊去说亲,却被栗姬一口回绝。原因在于,栗姬恼恨刘嫖经常往汉景帝宫中推荐美女,这在无形中影响到了栗姬的受宠程度。被干脆拒绝的刘嫖怒火中烧,转头就瞄上了梦日而生的胶东王刘彻。可这时候的刘彻才四岁,馆陶公主决定先结下娃娃亲。她找到刘彻的母亲王娡谈论此事,聪明的王娡毫不犹豫地一口答应,这种天然的盟友简直是求之不得。馆陶公主大喜,兴奋之下,两人决定再加一桩姻亲。这次是由馆陶公主的儿子娶王娡的女儿。这两桩婚事确立了馆陶公主和王娡的政治同盟,年幼的刘彻尚不知道,这将是他成为汉武大帝的开始。

青史流光：跨越时空的那些人

黄金屋

姐姐，我，我给你造金屋子住。

真的吗？

十六

双管齐下

关于汉武帝娶自己表姐的事情，后人曾编写了一段金屋藏娇的有趣故事，在故事中给他的表姐取名叫陈阿娇。话说当时馆陶公主抱着四岁的刘彻挨个儿看周围的女官，问他愿意娶哪个，刘彻皆摇头不应。等到馆陶公主说："那我把女儿陈阿娇许配给你吧！"刘彻兴奋地拍着小手说："如果能娶到阿娇姐姐，我一定造一座黄金的屋子给她住。"其实，这只是一个浪漫的故事。真实的情况是，这两人的婚姻只是彼此母亲间的一桩政治交易。馆陶公主和王娡结盟后，就决定对得罪自己的栗姬下手了。她双管齐下，一方面喋喋不休地在自己的弟弟汉景帝面前说栗姬的坏话，另一方面又不时褒奖王娡的儿子刘彻。

栗姬失宠

　　汉景帝在馆陶公主的蛊惑下，慢慢对栗姬起了不满之心，但念及旧情并没有责罚栗姬，只是有所疏远。而栗姬头脑简单，不想法补救，只知道发脾气、乱抱怨。一天，景帝生病，有感而发地对栗姬说道："我百年之后，你要把我的孩子们都照顾好呀。"栗姬没有听出汉景帝的弦外之音，只知道依照自己的好恶发泄情绪。她本来就对自己失宠有怨，又怎么会心甘情愿地照顾其他女人的孩子呢？于是她不仅不答应，还口出不逊之言。这下子让汉景帝对她大失所望，加重了恶感。比较了一下栗姬和王娡，又比较了一下刘荣和刘彻，汉景帝渐渐起了废长立幼之心。

太子被废

王娡对来自盟友的助力兴奋不已,但表面上装作**若无其事**,对栗姬尊敬有加,继续等待时机。两年后,那位不受宠且无子的薄皇后被废。王娡觉得时机已到,她偷偷派人催促大臣们上书奏请立栗姬为皇后。可怜的栗姬还以为王娡、大臣们都喜欢她、尊敬她,却不知道王娡使用的这招杀人不见血。因为,真正能够决定这件事情的汉景帝并不情愿。本来就对栗姬有所不满,大臣们的上书更加激起了他的逆反情绪,他甚至认为就是栗姬在鼓动大臣们闹事。于是,一怒之下,一向脾气比较好的汉景帝下令诛杀了上书的大臣,并果断将太子刘荣废掉,改为临江王。彻底失败的栗姬最终带着深深的怨恨离开了人世。

武帝继位

宫斗胜利的王娡如愿以偿地被册立为皇后,而刘彻也在他七岁的时候由胶东王变成了太子。九年后,汉景帝驾崩,刘彻顺利继位。当初臧儿的超长线投资得到了可观的回报:王娡的哥哥王信被封为盖侯,同母异父的哥哥田蚡被封为武安侯,田胜被封为周阳侯。王娡与前夫所生的女儿金俗,也被汉武帝口称长姊,亲身迎回,封为修成君,赏赐无数。真可谓一人得道,鸡犬升天。十六岁的刘彻在母亲的帮助下初登皇位,固然欣喜,但也面临着一大堆亟须解决的难题。第一个难题不是来自朝政,而是来源于自己的亲祖母太皇太后窦氏。

窦氏干政

窦氏是汉文帝的皇后,是汉景帝刘启、馆陶公主刘嫖的亲生母亲。她特别偏爱幼子刘武,以致曾使汉景帝不得不许诺将皇位传给刘武。但因刘武早死,最终未能如愿。窦太后就迁怒于汉景帝。王娡与窦太后关系较好,因此刘彻在继位时得到了窦氏支持。刘彻与窦氏的分歧根源在于窦氏笃信黄老学说。这种思想其实跟汉文帝、汉景帝时期的清静无为、轻徭薄赋、让百姓休养生息的主导政策相符合。但历经文景之治,汉朝的国力已经比较强盛,对于野心勃勃的刘彻而言,这种安于现状、不思进取的道家思想就非常不合时宜。刘彻意图采用更为积极进取的儒家思想来治国,这让窦氏非常不满,屡屡干预朝政。

武帝亲政

由于刘彻年纪尚幼,且汉朝以"孝"治天下,所以刘彻拿强势的祖母窦氏毫无办法。他一上台就任用赵绾、王臧等实行儒家新政,这让窦氏非常不满。窦氏命人搜集二人罪状,并把他们定罪下狱,新政一事草草收场。刘彻领教到祖母的厉害,只好蛰伏不动。六年后,窦氏去世,汉武帝才真正亲政。亲政后面临的第一个大问题还是来自同族,就是汉高祖时期在翦除了异姓王之后,分封的刘姓诸王。刘邦自以为大家同源同宗,分封到各地为王,彼此都是亲戚,可以拱卫中央,所以在西汉初期,分封制与郡县制并存。但事与愿违,随着后代之间血缘关系的日益淡薄,这些诸侯国逐渐成为大汉肌体上的毒瘤。

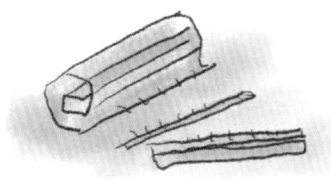

青史流光：跨越时空的那些人

七国之乱

诸侯国的问题在汉文帝时期就初露端倪,当时淮南王、济北王就有过作乱的先例。到了汉景帝的时候,问题就更加严重了。汉景帝的亲弟弟梁王(刘武)在母亲窦太后的支持下,就曾经觊觎皇位,其他诸王也蠢蠢欲动。汉景帝为了解决这个问题,采纳了晁错的建议,强行"削藩",试图用霹雳手段,一举废除各诸侯国,结果引发了"七国之乱"。以吴王刘濞(bì)为首的七个诸侯国打着"诛晁错,清君侧"的旗号,公开反叛。汉景帝一开始不敢应战,想通过诛杀晁错以换取七国退兵。但人杀了,敌却不退。无奈之下,汉景帝只好派太尉周亚夫出兵平叛。周亚夫很快就平定了叛乱,除了楚国外,其他六国均被除去了封号。

嫡庶平等

到了汉武帝刘彻当政之时，诸侯国的问题并没有被完全解决。一些大的诸侯国势力很大，严重影响着中央政令的通行。这时，一个叫主父偃的人给汉武帝出了一记狠招——"推恩令"。以前，诸侯王的封地都是由各王的嫡长子来继承，其他儿子是没有资格的。推恩令则允许其他子嗣都可以继承，那么封国对应的土地从哪里来呢？当然是从各王国自己家的土地上出。这就意味着原先沃野千里的王国被分割成了各个大大小小的侯国，人口、资源的控制力被分散打乱，诸侯王们再难相互串联，反叛中央。这是一招真正的阳谋，诸侯们明知道朝廷的用意，但看着庶子们因为得到继承机会而欢欣鼓舞的样子，他们也实在无力拒绝。

开疆土・泪巫蛊・汉武帝

削弱诸侯

汉武帝一方面通过推恩令这种文的手段解决诸侯国问题，另一方面也找各种借口用法律手段削弱各个诸侯国的影响力。比如先后发布《左官律》《附益法》两部律令，前者严禁中央官员结交诸侯国王，后者则严禁诸侯王延揽宾客。又宣布盐铁这两项战略物资的经营权以及货币的铸造权由中央行使，严禁诸侯国染指，从经济上控制住诸侯国的命脉。最后通过"酎（zhòu）金夺爵"一次性消灭掉一半的侯国。当时皇帝祭祀宗庙的时候，各诸侯国都要进献酎金来助祭。汉武帝借口说有些诸侯国上交的酎金成色不好、分量不足，对祖宗不敬，下令削除这些封国。在汉武帝的连环出招下，诸侯国**尾大不掉**的问题终于解决。

重用儒生

汉武帝一边理顺地方和中央的关系，一边处理中央内部的事情。思想上，他首先做的事情就是把汉初采用的黄老学说彻底抛弃，重用儒生，并在博士董仲舒的建议下，"罢黜百家，独尊儒术"，将儒学上升为治国的基本理念。自此之后，儒学就成为封建王朝的正统思想，一直至清末。制度上，汉武帝为了维护皇权、打压相权，一方面动辄就处死身为百官之首的丞相；另一方面设立中朝，建立诸如大司马、侍中、常侍等中朝职务体系。这些中朝人员或出身低微，或为外戚，其中不乏聪明伶俐之人，他们支持汉武帝的各项改革，所以汉武帝对中朝人员非常信任。这就将丞相所统领的外朝进行了权力分割，极大限制了丞相的势力。

—— 开疆土·洱巫蛊·汉武帝 ——

青史流光：跨越时空的那些人

我们一定要将你们赶出长城之外。

重创匈奴

当内部问题得以妥善解决后,汉武帝将目光转到了大汉周边的少数民族身上。首当其冲的就是自战国以来中原王朝的大患——匈奴。汉初的时候,中原地带历经秦末战争、楚汉相争,民生凋敝,国力孱(chán)弱,匈奴乘机屡屡犯边。汉高祖刘邦也曾想解决边患,无奈在白登一战中差点被俘。从此,汉朝进入了休养生息的时代,只能通过和亲这种屈辱的手段换取匈奴的短暂退兵。据统计,自高祖至武帝初年,汉朝先后七次将公主嫁于匈奴单于。到公元前133年时,汉武帝觉得汉朝实力已经具备,于是断然废除了和亲政策,对匈奴宣战。汉朝通过漠南、河西、漠北三大战役,将强横一时的匈奴连连击败,逐出了长城以外。

喜获良将

在对匈奴的战争中,汉朝不仅收复了水草肥美的河套地区,设立了武威、酒泉、敦煌、张掖河西四郡,更横空诞生出了两员名将:卫青、霍去病。卫青和汉武帝分别娶了对方的姐姐,所以二人互为姐夫和小舅子,二人又分别是霍去病的舅舅和姨夫。卫青、霍去病年纪轻轻就被委以重任,所幸这二人称得上军事天才,对匈奴作战中未尝一败,攻必克,战必胜,多次以少胜多。可以说,匈奴的衰落就是拜这两人所赐。这让汉武帝脸上颇有光彩,所以对功勋卓著的二人也不吝封赏。卫青被封为大司马大将军、长平侯,霍去病被封为大司马骠骑将军、冠军侯,可以说位极人臣。

青史流光：跨越时空的那些人

数十年，艰难险阻，虽收获不多，但初心不变，我还要继续我的征程啊！

出使西域

汉武帝在通过武力直接打击匈奴之前,发现匈奴控制下的西域诸国会成为匈奴进攻汉朝的跳板和基地。为了打击匈奴,拉拢西域诸国作为盟友,压缩匈奴的生存空间,汉武帝派遣张骞(qiān)两次出使西域。第一次联络的目标是与匈奴有仇的大月氏(zhī),但在经过匈奴控制区时,张骞不幸被匈奴人捉获,十年后方才逃出。当他几经磨难到达大月氏时,情势早已变化,大月氏人耽于现状,已无心与汉朝联合进攻匈奴。第二次联络的目标是乌孙国,汉朝希望乌孙能够回到被匈奴占领的故地,但乌孙内乱,所以也无法说动。虽然两次出使都未能达成战略目标,但在客观上却促成了另外一件伟大事情的发生,那就是**丝绸之路**的开辟。

世界互联

在汉武帝之前，由于交通不便，汉朝和西域各国以及与更远的中亚、南亚等国之间互不了解，甚至互不知道。张骞出使西域，到达了西域、中亚的很多国家和地方，不仅了解了当地的风土人情，而且通过这些地方人员的转述，了解了更多的外部世界。当然，这种了解是双向的，通过张骞一行人的描述，这些国家和地区也知道了大汉的强大和富庶。于是，双方的联系通道通过商贸逐步建立了起来。西域的汗血马、葡萄、核桃、苜蓿、石榴、胡萝卜和地毯等传入内地；汉朝的铸铁、开渠、凿井等技术和丝织品、金属工具等传到了西域，又通过西域传向了更远的西方。汉朝和世界的关系逐步密切起来。

青史流光：跨越时空的那些人

汉统西域

张骞第二次出使西域时，带回了乌孙国的使者。这个亲眼看见了大汉强盛的使者一五一十地将情报回报给乌孙王，乌孙王决定加强与汉朝的交往。他派人向汉武帝求亲。汉武帝先后两次将宗室女细君公主、解忧公主嫁于乌孙王。同时，汉朝也对西域某些国家施之以威。为了夺取汗血宝马，打破匈奴对大宛(yuān)国的控制，汉武帝派贰师将军李广利西征大宛，迫使大宛进贡良马。其他国家大受震动，纷纷表示效忠。恩威并施下，汉朝对西域的影响力日益加深，相继在楼兰、渠犁等地设校尉，驻兵屯垦，并最终在汉宣帝的时候，在西域设立了西域都护府，总管西域事务。这也意味着西域正式归于中央政权的统治之下。

外交拓展

事实上,张骞不仅出使了西域,还曾探索过西南地区。当初张骞在帕米尔高原以西的大夏国发现了蜀地产的邛(qióng)竹杖和蜀布。追问来源,得知这些货物都来自身毒国的商人,又听说从蜀地往西南走,取道身毒国也可到达大夏。张骞和汉武帝一番商议,为了能从其他更安全的道路联络大夏,同时也为了获取巨大的贸易利润、扩大汉政权的影响力、孤立匈奴,决定与身毒国建立直接关系。于是张骞被封为博望侯,再次带人出发探索去往身毒国的道路。一行人分四路秘密从四川的成都、宜宾出发,向今天的青海南部、西藏东部、云贵地区进军,寻找身毒国。身毒国其实就是今天的印度,那么张骞他们能够顺利到达吗?

设置五郡

遗憾的是,张骞等人的西南探索并未达到既定目标。原因在于他们经过我国西南地区时,遇到了汉人以前不知道的西南少数民族政权滇国、夜郎等。这些国家同样对汉朝一无所知,以至于问出夜郎国与汉朝谁大这样的问题,留下了"夜郎自大"的典故。这些国家慑于汉朝的强大,不敢为难使者,但出于巨大的贸易垄断利益考量,不肯让身毒国与汉朝直接建立官方联系,所以阻挠各路探索人员顺利通过,最终张骞等人未能到达身毒国。但此次探索还是增进了汉朝与西南少数民族政权之间的了解。最终滇国、夜郎被大汉所灭,汉朝在西南地区设置了牂牁(zāng kē)、越嶲(suī)、沈黎、汶山、武都等五郡进行有效统治。

攻破南越

除了在北方对战匈奴之外，汉朝在南方还有一个威胁，那就是南越国。最初，秦始皇征服了南越地区（即今天的两广、闽南、海南、越南等地），设置了桂林、象、南海三郡。秦朝末年时，战乱顿起，这三郡山高皇帝远，无人顾及，南越地区的实际控制人、秦朝将领赵佗（tuó）割据自立。汉朝时，他建立南越国，自封国王。汉朝初期对该国采取拉拢怀柔的政策，南越国遂成为汉朝的藩属国，但实际上汉朝对其无力控制。至汉武帝时，南越国对汉朝出现亲近和远离两种意见。最终，反汉的丞相吕嘉杀死了想要投汉的南越国王和王太后，汉武帝乘机派伏波将军路博德、楼船将军杨仆攻入南越国，南越国灭。

开疆土・泪巫蛊・汉武帝

激怒武帝

　　平定南越国后,在今朝鲜北部地区还有一个国家令汉武帝寝食难安,这个国家被称作卫氏朝鲜。西汉初年,异姓王卢绾叛汉失败,逃奔匈奴,其部将卫满率千余人入境朝鲜半岛,取代了原先的政权箕(jī)子朝鲜,从而建国。建国伊始,卫氏朝鲜与汉朝约定为藩属与宗主的关系。但当卫满死后,其孙子卫右渠自恃实力暴涨,渐渐不肯臣服于汉。汉武帝于是派使者涉何劝谕卫右渠不要反汉,卫右渠没有答应。涉何对此非常愤怒,在归汉途中,杀死了护送他的朝鲜将领。汉武帝不仅未责怪涉何擅自杀人,反而任命他为辽东郡东部都尉。卫右渠闻讯大怒,派人突袭辽东,斩杀了涉何。这一事件彻底激怒了早已对卫氏朝鲜不满的汉武帝。

劝降失败

很快，汉武帝派遣楼船将军杨仆、左将军荀彘(zhì)分别率水、陆两军出兵卫氏朝鲜。几番激战，两路大军都出师不利。汉武帝只好改变策略，再派使者卫山去劝说卫右渠归顺。卫右渠在两路大军的压力之下，本身也是强弩之末，只好答应投降，并派自己的太子带人到长安谢恩，同时进献粮草军马。这位朝鲜太子一共带了一万多人，这引起了使者卫山和左将军荀彘的警觉。他们担心其中有阴谋，于是要求所有人员不得携带军械。这又引起了朝鲜太子一方的警觉，认为汉朝想要乘机杀害他们。在这种互相猜疑下，太子没有去长安，而是径直返回了自己的都城。事关国家尊严，双方已无转圜(huán)余地，再次大打出手。

帝国成形

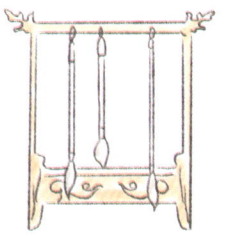

最终，卫氏朝鲜在汉军的压力下内部出现了分歧，主和派的大臣杀死了主战的卫右渠，其都城被汉朝攻破，卫氏朝鲜灰飞烟灭。汉武帝很快下令在此地设置了乐浪、玄菟（tú）、临屯、真番四郡。至此，汉朝疆域北抵阴山、西逾葱岭、南包交趾、东并朝鲜，帝国版图基本成形。开疆拓土的同时，汉武帝也特别重视文化教育的发展，除了统一采用儒学作为治国思想之外，他还首次在中央设置了全国最高的学府——大学，在地方设立了乡学。不得不提的是，中国古代纪年中非常有特色的年号纪年法就始自汉武帝，他创立了中国最早的年号：建元，后世历朝历代都采用年号纪年。

帝后不和

汉武帝在治国上做得极为成功，但在家事上却难免令人唏嘘。他的表姐陈阿娇是他四岁时选中的"金屋藏娇"的女主人。他没有食言，继位后将其册立为皇后。但作为包办婚姻的牺牲品，早婚的陈阿娇空顶了一个浪漫名头，其实并没有得到汉武帝的多少宠幸。而陈阿娇自己也仿佛一个被大人宠坏的小姑娘，难以认清现实。汉武帝刘彻能够继承皇位很大程度上得力于两个女人：一个是自己的母亲王娡，另外一个就是自己的姑姑馆陶公主刘嫖。陈阿娇仗着自己母亲馆陶公主的功劳，很是骄横，这让心高气傲、权力欲极强的刘彻很是不舒服，朝堂上越意气风发，回到后宫就越发郁郁，所以夫妻间难免发生龃龉（jǔ yǔ）。

青史流光：跨越时空的那些人

武帝探亲

汉朝以孝治天下，而且馆陶公主有属于自己的势力，刘彻不能轻易得罪自己的姑姑兼丈母娘，投鼠忌器下，对妻子的骄横也只能忍气吞声。但矛盾总会有彻底爆发的一天。汉武帝继位后的第三年春天，十八岁的刘彻带着文武大臣去霸上祭祀祖先，祈福禳（ráng）灾。回来时特意去看望了自己的亲姐姐平阳公主。彼时平阳公主嫁给了西汉开国功臣曹参的曾孙、平阳侯曹寿（时）。平阳公主一直非常清楚自己弟弟的家事，知道帝后关系不睦，所以结婚多年都没有孩子。可能是出于疼爱自己弟弟的原因，也可能是出于增强自己权势的原因，平阳公主决心为刘彻的后宫增添几个佳丽。所以这次会面，平阳公主特别做了安排。

平阳献美

宴席上,平阳公主特别挑选了一些青春靓丽的女子为弟弟表演歌舞。血气方刚的刘彻看得眼花缭乱,听得心猿意马。在众多的女子中,汉武帝对一名叫卫子夫的女孩儿一见钟情,卫子夫也看出了汉武帝的心意,二人遂暗通款曲。临别时,心知肚明的平阳公主奏请让卫子夫进宫,这正中刘彻下怀。心花怒放下,他命令赏赐自己姐姐千金。平阳公主抚摸着即将入宫的卫子夫的背,柔声说道:"此去一路保重,如果哪一天飞黄腾达,请不要忘记我今日的举荐。"卫子夫连连点头。望着渐渐远去的车辇,平阳公主心中欢喜与担忧并存,欢喜的是刘彻身边有了自己的人,担忧的是卫子夫到底能不能在险恶的后宫中生存下来。

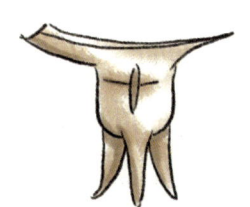

抛诸脑后

　　这段恋情开始得很快，但结束得更快。满心欢喜的卫子夫进了宫之后，却悲哀地发现，自己再也见不到皇帝了。也许是刘彻在忙于军国大事，也许当初只是逢场作戏，总之卫子夫进宫一年多，只能没名没分地独守空房。其他人也不知实情，以为她不过是皇帝带回来的一个普通宫女罢了。看情形，卫子夫只能任由大好年华在沧桑岁月中磨蚀殆尽了。可历史突然又转了一个弯。这一天，刘彻心念微动，觉得宫女太多了，而且有不少宫女已经年龄太大或者身体衰弱，不适合待在宫中。于是他下了一道圣旨，命令将这些人放出宫去。临出宫前，皇帝要再审查一遍人员，卫子夫终于得见刘彻。

再受荣宠

看着对自己始乱终弃而自己却朝思暮想的皇帝,卫子夫忍不住悲从中来。她哽咽着施礼道:"既然陛下对臣妾殊无好感,还请您大发慈悲,放臣妾出宫。臣妾感激不尽。"说罢,伏地饮泣,泪湿春衫。前尘往事的种种片段瞬间涌入汉武帝的脑海,他顿时觉得愧疚无比,是自己辜负了美人的一片痴情。他不管不顾地上前扶起卫子夫。两人四目相视,爱情的火花又一次噼里啪啦地燃起。汉武帝这次没有再忘却、冷落卫子夫,而是给予了她无比的宠爱。最后,卫子夫怀有了皇家的骨血。可是,在后宫是不允许有纯粹的爱情的,卫子夫受宠的结果就是为自己惹来了一个极大的麻烦——陈皇后不高兴了。

青史流光：跨越时空的那些人

阿娇怨愤

陈阿娇本来因为和皇帝冷战就心怀怨愤，但由于皇帝是天下之主，享有至高无上的权力，所以她对刘彻无可奈何，至多抱怨几句。可听闻卫子夫受宠，陈阿娇顿时醋意大生。她无法容忍自己的丈夫去喜爱别的女人，更无法容忍自己还没有孩子，而别的女人却已经怀上了皇帝的骨肉。这不仅是对她权威的挑战，更有可能危及她皇后位置的安全。"对皇帝我没有办法，对一个平阳公主家曾经的歌女，难道我也没有办法吗？"陈阿娇恨恨不已地想。她派人去调查卫子夫的亲属关系，毕竟直接对卫子夫下手，恐怕皇帝面子上不好看，上策是通过收拾卫子夫的家人，让卫子夫乖乖地知难而退，远离皇帝。

阿娇哭诉

卫子夫的原生家庭并不显赫，甚至只能说卑微。她的父亲无所记载，母亲叫卫媪。卫媪（ǎo）也不是什么真名实姓，就是卫家老太太的意思，她本身是平阳侯府的奴仆。卫子夫有一个兄长、两个姐姐，分别是长兄卫长君、大姐卫君孺、二姐卫少儿。后来卫媪在卫子夫父亲去世后，与在平阳侯府临时做事的县吏郑季相好，从而为卫子夫生下了三个同母异父的弟弟：卫青、卫步、卫广。卫子夫、卫青姐弟后来到了平阳公主府上，一个担任歌女，一个担任骑奴，地位都很低下。皇后陈阿娇选来选去，选中了卫青作为报复的对象。她跑到她的母亲馆陶公主那里大哭一场，控诉卫子夫狐媚惑主，要母亲帮忙出气。

绑架卫青

馆陶公主刘嫖闻讯大怒，女儿从小定下娃娃亲导致女儿一直快快不乐的事情，一直让她如鲠（gěng）在喉，现在有了发泄的对象，正是求之不得。她立刻按照女儿的情报，派人绑架了卫子夫的弟弟卫青，准备杀掉他，以给可恶的卫子夫一个教训。其实，在当时的社会背景下，卫子夫的人生也不是自己能做主的，真正变心的或者本身心就没在阿娇身上的是汉武帝。馆陶母女只不过是拣软柿子捏罢了。卫青命在旦夕，而在深宫大内的姐姐卫子夫对此却一无所知。就在这时，卫青命中的一个贵人出现了，那就是他的好友公孙敖。这个人侠肝义胆，一看好友被人欺负，立刻热血上涌，亲自带人从馆陶公主手中将卫青救了下来。

封赏卫家

公孙敖的一次两肋插刀为大汉帝国救下了一员未来的名将,馆陶公主、陈皇后气得暴跳如雷,却只能徒呼奈何。这场闹剧很快传到了汉武帝耳中,正是叛逆期的年轻皇帝觉得自己的尊严被严重挑战,逆反情绪爆发。勃然大怒下,刘彻立刻做出了雷霆万钧的反击。他直接任命卫青、卫长君为侍中,数日之内连续赏赐卫家数千金。不久又将卫子夫封为夫人,这是后宫中仅次于皇后的称号。又让卫子夫的大姐卫君孺嫁给了太仆公孙贺,公孙贺因而备受宠幸。卫子夫二姐卫少儿因与西汉开国元勋陈平之后陈掌有情,也被皇帝亲口许婚,其原来的私生子霍去病也被接到了宫中抚养。公孙敖救护卫青有功,也因而受上赏。

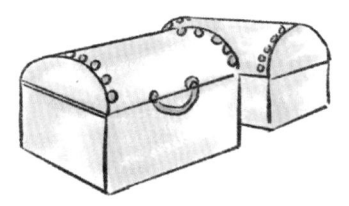

铤而走险

汉武帝的一系列封赏，让卫氏一族顿时门楣生光，凡是跟卫子夫沾边的都成了皇帝身边的红人。这明显带有报复倾向的种种安排令陈阿娇母女欲哭无泪。此后，帝后之间更是形同路人，再无感情。数年之内，卫子夫为刘彻连续生下三女。一旦卫子夫生子，陈阿娇的皇后位置必然难保。可怜的陈皇后花无数的金钱来求子，却根本无济于事。彻底绝望的她铤而走险，决定用巫蛊之法，一方面希望刘彻能够对自己回心转意，一方面希望能够害死仇敌卫子夫。在今人看来，这种迷信行为根本不可能害人，可在古人看来，这确实能发挥可怕的、有效的作用。所以古人，尤其是帝王对这种害人于无形的法术深恶痛绝，一旦发现就会予以严惩。

巫蛊废后

　　天下没有不透风的墙，陈皇后找人施展巫蛊之术的行为很快被人上报给刘彻。刘彻气冲牛斗，命酷吏们彻查。案件并不难查，陈皇后所作之事并无多少机密，更何况眼见这位皇后不过是待宰的羔羊，即使没有罪证，也自会有知情识趣的人炮制证据以献媚于皇帝。很快，确凿的证据一桩桩、一件件摆在了皇帝案头。刘彻也许内心深处是欣喜的，但表面上却表现得无比愤怒，他毫无留恋地下诏废掉陈阿娇的皇后尊号，将她迁居长门宫。为后十一年的阿娇为自己的任性付出了惨重代价，但这真的完全是阿娇的过错吗？也许从一开始，双方母亲在策划这场动机不纯的政治婚姻时就已经为她的悲剧埋下了伏笔。

开疆土·泪巫蛊·汉武帝

青史流光：跨越时空的那些人

武帝得子

据说，陈阿娇幽居长门宫后，曾花重金找到当时的汉赋名家司马相如为其作《长门赋》，其内容哀婉凄绝，希望能够以此打动汉武帝。可惜纵然赋文精彩非凡、流传千古，却依然不能打动汉武帝那颗冷酷的心。陈阿娇只能在冷宫中郁郁而终。那么卫子夫能够笑到最后吗？答案是否定的。不过在此时，卫子夫正是颇受宠爱的时候。陈阿娇被废不久，卫子夫就再次怀孕，并顺利为汉武帝生下了第一个男孩儿——刘据。这个姗姗来迟的长子让汉武帝大喜不已，他命令朝堂的汉赋高手枚皋（gāo）、东方朔分别为孩子作赋。他亲自去祭拜生育之神，以感谢上苍。他命令举国欢庆，一起分享得子的喜悦。

喜立太子

由于卫子夫只是夫人，不是皇后，那么她的儿子刘据就只能是庶长子，而非嫡(dí)长子，不具有继承皇位的资格。大臣主父偃察言观色，适时上书，请立卫子夫为皇后。刘彻欣然从之。于是皇后所居宫殿在空缺近两年后又迎来了新的主人。子以母贵，刘据也摇身一变，成了名正言顺的嫡长子。**在汉武帝三十五岁的时候，七岁的刘据被立为了皇太子，大汉帝国正式确立了接班人。** 太子成长的岁月是汉武帝及卫氏一族的高光时刻。汉武帝自不必说，文治武功均达鼎盛。而卫青、霍去病这两人也不负刘彻厚望，彻底打败了匈奴。凭借此功，二人一跃成为帝国的军事统帅。

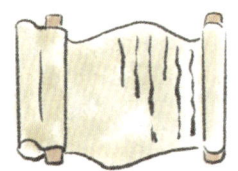

开疆土·泪巫蛊
kaijiangtu·leiwugu

开疆土·泪巫蛊·汉武帝

青史流光：跨越时空的那些人

警惕卫氏

卫皇后在内，卫青、霍去病在外，整个朝堂上众多高官显爵之人都与卫家有着千丝万缕的联系，好一派繁花似锦、烈火烹油的红火景象。可是，天妒英才，大司马骠骑将军霍去病年仅二十三岁即已去世，大司马大将军卫青在十一年后也撒手人寰。失去外援的卫子夫此时年岁已大，美色不再，家族中再无出类拔萃的豪杰之士。更重要的是汉武帝对权倾朝野的卫氏一族已有警惕之心。外戚可以用，但不能左右朝堂，自己在世时可能无忧，但一旦自己驾崩，极有可能出现汉初吕后专政的局面。于是，人无千日好、花无百日红的道理再次应验。昔日得受专宠的皇后卫子夫迎来了一个新的对手——李夫人。

李家飞升

　　李夫人的哥哥李延年在中国音乐史上非常有名。他因罪被施以腐刑入宫，后因擅长音律，非常受汉武帝喜欢。一次，他创作歌曲《佳人曲》给皇帝听："北方有佳人，绝世而独立，一顾倾人城，再顾倾人国。宁不知倾城与倾国，佳人难再得。"刘彻听后，对曲中美人悠然神往。昔日推荐卫子夫入宫的平阳公主这一次把宝押到了李家身上。她乘机对汉武帝推荐说李延年的妹妹就是曲中描述的绝代佳人。汉武帝遂令其入宫，见之，果然美貌非凡，遂很快封其为夫人。这位漂亮温柔的李夫人为刘彻生下了另外一个儿子：昌邑王刘髆(bó)。于是，李家人也开始飞黄腾达。李夫人的两个哥哥李延年、李广利都获得封赏。

— 开疆土·泪巫蛊·汉武帝 —

青史流光：跨越时空的那些人

差强人意

不过，李夫人身体不太好，生下皇子后不久就得了重病。她为了不让汉武帝看到自己得病后的憔悴面容，坚决不肯面见汉武帝，只是拜托汉武帝照顾自己的家人。汉武帝虽然对李夫人不肯见面有些生气，但每每回忆起的都是她的绝色姿容，所以颇为怀念，对李家人也就格外优厚。可惜的是李夫人的这些亲人并没有卫子夫这家人厉害。李延年只是取悦君王的宫廷乐官，难以在政治、军事上有所作为。李广利倒是被汉武帝寄予厚望，获封贰师将军，率军出征，可是他的军事能力实在差劲。第一次出征大宛就惨败而归，气得汉武帝一度命人把守玉门关，不让他率众回家。第二次出征大宛，战果也是差强人意，惨胜而已。

李家衰落

李家没有卫青、霍去病那样的杰出人才,所以衰落得很快。李夫人死后不久,李延年就因为弟弟犯法被牵连,身死族灭。当时李广利正在外攻打大宛,侥幸逃过一劫。汉武帝为了平衡卫家势力,并没有让李广利担任闲职,而是命其攻打匈奴。可李广利完美地让汉武帝颜面扫地,早已被卫青、霍去病打残的匈奴面对李广利时,又变成了猛虎豺狼。李广利要么不胜,要么惨胜,战绩极差。但这要不了他的命,要他命的是马上就要发生的一场大劫难——巫蛊之祸。这场灾祸毁灭了李广利,更毁灭了卫子夫、李夫人两个家族。

青史流光：跨越时空的那些人

巫蛊又起

事端缘起于丞相公孙贺（卫子夫的姐夫）。公孙夫妇有一个儿子叫公孙敬声，是一个典型的纨绔子弟，仗着雄厚的家世背景，为人乖张，行事恣睢（zì suī），居然胆大包天到贪污军费。东窗事发后，被囚禁入狱，等待严惩。其父公孙贺救子心切，就跑去找汉武帝商量，愿意去亲自捉拿朝廷一直缉捕却始终未得的大盗朱世安，以换取儿子性命。武帝同意了这个方案。这一事引发了惊天大案。公孙贺出马，朱世安果然被捉获。可求生欲极强的朱世安在廷尉审讯时，出于报复，供出了一个惊天的秘密：那就是公孙敬声与阳石公主不清不楚，而且这两人大逆不道，不仅在祭祀时指使巫师诅咒皇帝，还在皇帝出行的官道旁埋藏了含有咒怨的木偶。当初的废后陈阿娇所行之事再次出现。

清洗卫氏

汉武帝对巫蛊之事深恶痛绝，闻讯后立刻命人彻查此事。**其实朱世安所供未必为真，真实的理由是汉武帝要借机对卫氏一族进行清洗。**很快，公孙贺全家被杀，阳石公主被杀，卫青长子卫伉（kàng）被杀，卫子夫的女儿诸邑公主以及外孙曹宗被杀。皇后卫子夫被彻底冷落。腥风血雨下，环绕在太子刘据周围的母族支持者被一一去除。也许此时的汉武帝只是在帮助太子削除未来外戚干政的威胁，并未有更换太子的想法。但事情已经难以控制，一场更大的巫蛊案将把太子也烧成灰烬。汉武帝此次杀得人头滚滚，心有不安，夜里做了个梦，梦到有很多木偶袭击他。猛然惊醒的刘彻心神不宁地找人来解梦。

陷害太子

有一个名叫江充的人平日里与太子关系不睦。他乘机进谗言说，这个梦说明宫内一定还有人在做木偶施法诅咒陛下，所以一定要派人彻查。对巫蛊之事深信不疑的汉武帝立刻命令江充伙同宦官苏文在宫内大肆搜查。江充借机陷害太子，在搜查太子、皇后住所时，故意将事先准备好的木偶作为证据取出，然后向武帝汇报。此时汉武帝并不在长安城内，太子刘据眼见大祸临头，想去找父亲分辩，却担心解释不清。他直接率人斩杀了江充。江充的同伙苏文逃出城外，面见皇帝，说太子谋反。汉武帝起初不信，派使者去见太子。可这个使者不敢去见太子，直接回报皇帝说太子已反。

太子覆灭

汉武帝未再详查,命令新任丞相刘屈氂(máo)去捉拿太子。刘屈氂和李广利是亲家,同属李夫人一族。而且李广利在出征匈奴前,就曾和刘屈氂结成同盟,想要扶持李夫人所生之子昌邑王刘髆继承皇位。此时太子倒霉,他们正好落井下石。太子与丞相各自率人在城内大战,太子刘据战败,逃出城外。气急败坏的汉武帝命人去收缴皇后卫子夫的印绶,卫子夫眼见父子相残,而自己却无法自证,心灰意冷下,悬梁自尽。汉武帝怒火不息,连连派人缉捕太子,并下令大肆诛杀跟太子有关的人。可怜天下之大,却没有太子的容身之处,最终太子全家遇害,只有一个孙子刘询侥幸活了下来。

开疆土 · 泪巫蛊

Kaijiangtu Leiwugu

青史流光：跨越时空的那些人

孤家寡人

巫蛊之祸毁灭了卫子夫的所有梦想，而李夫人的家族也很快惹祸上身。就在太子死后不久，有人揭发丞相刘屈氂和在外出征的李广利间有同盟，想要立昌邑王刘髆为太子，而且也曾使用过巫蛊之术。杀红眼的刘彻立刻下令将刘屈氂处死。在外征战的李广利惊惧之下，投降了匈奴，其在国内的家人也因此全部被杀，而他自己很快也死于匈奴小人之手。但事件并未就此平息，很快又有人指责江充才是罪魁祸首。于是汉武帝又发起新一轮的杀戮，将江充灭族，苏文烧死，当初追捕太子的人也都一一清算。等尘埃落定，汉武帝冷静下来，环顾四周，才发现自己真的变成了孤家寡人。他迷茫地望着锦绣江山，不知道何去何从。

休养生息

已经快七十岁的汉武帝后悔了，丧子之痛、对匈战败，连年穷兵黩武导致的民怨沸腾无时无刻不折磨着这个老人的精神。他命人建起了"思子宫""望思台"，追忆那个逝去的儿子。他又在轮台宫向全天下发布了《罪己诏》，向天下人道歉，反省自己的所作所为，从此不再对外用兵，全力休养生息。此时，自感身体不佳的他必须再为帝国选择接班人了。这次他选中了他最年幼的儿子刘弗陵。刘弗陵的生母是钩弋夫人，是继李夫人之后的新宠。为了防止卫氏情形再现，防止太子母族干涉皇权，汉武帝命人杀掉了钩弋夫人，然后册立刘弗陵为太子。弥留之际，他将太子托孤于大司马大将军霍光。

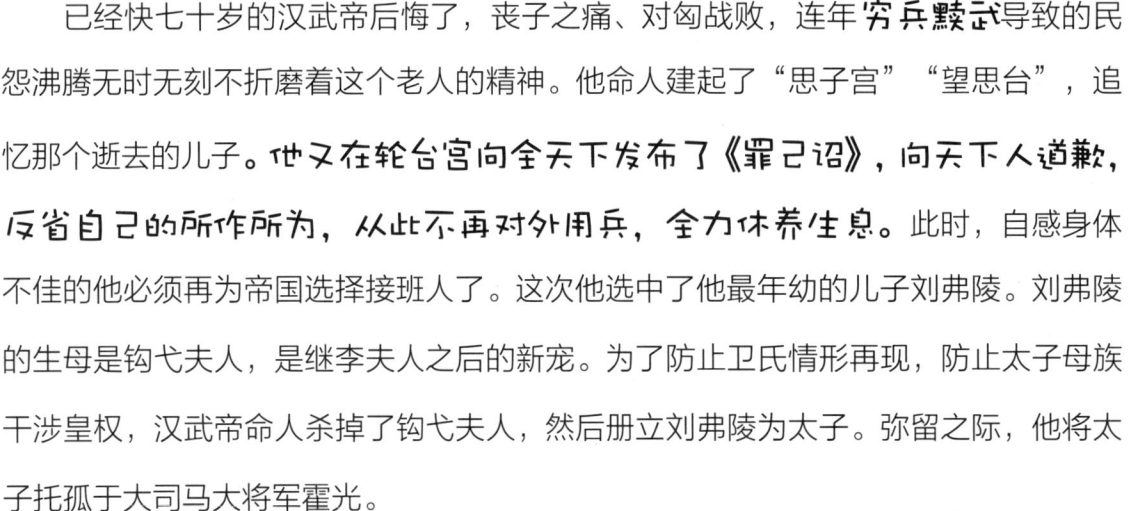

开疆土·泪巫蛊·汉武帝

喜好征战
猜忌心强
多次宫斗
滥杀无辜

建立强盛的大汉帝国，为我们镌刻上了『汉』的标志；独尊儒术，奠定了两千多年的封建文化基石。

霍光，太子就交给你照顾了。

青史流光：跨越时空的那些人

武帝落幕

公元前86年,年仅八岁的刘弗陵继位,是为汉昭帝。属于汉武帝的时代悄然落幕。有趣的是最终称帝的是钩弋夫人的后人刘弗陵,辅政的是卫子夫的亲属霍光,而与汉武帝同葬的皇后尊号却由霍光加给了李夫人。汉武帝固有缺点,他不恤民力、连年征战,国力耗损严重,又猜忌心强,为此掀起了一次次惨烈的宫斗波澜,导致外戚专权成为西汉挥之不去的阴影。但他开疆拓土,缔造了一个极为强盛的大汉帝国,在世界领域内为我们这个古老民族镌刻上了"汉"的标识。他抵御外敌,维护国家安全;他消除分裂隐患,维护中央集权;他独尊儒术,奠定了我国两千多年封建文化正统思想的基石。雄才大略的汉武帝常被后人拿来与秦始皇并称为"秦皇汉武"。

小小评论家

1. 馆陶公主为何要与栗姬、王娡结亲？

_____

_____

2. 为什么作为奶奶的窦太后会与自己的孙子汉武帝产生矛盾？

_____

_____

3. 为了解决诸侯国的问题,汉武帝采取了哪些措施?

_____

_____

4. 汉武帝是如何处理与周边国家的关系的?

_____

_____

文史小课堂

1. 文景之治：中国封建社会的第一个所谓"治世"，时间在西汉初年汉文帝及汉景帝统治时期。当时，文帝和景帝都先后采取了汉高祖刘邦时就推行的黄老学说治国，主张清静无为，轻徭薄赋，与民休息，从而使被秦末大战破坏的生产力得以恢复，人民负担得以减轻，西汉国力日渐强盛。

2. 汉初诛杀异姓王：汉朝初年的重大政治事件。刘邦建立汉朝后，为了表彰功臣，分封原手下部将、一同反秦的其他义军首领等七人为王，分别是燕王臧荼、楚王（原为齐王）韩信、赵王张敖、梁王彭越、淮南王英布、韩王信、长沙王吴芮。但刘邦对这七人心怀猜忌，故采取各种手段加以清除。最终除了长沙王吴芮因势力弱小得以保存外，其余六王或被杀、或被废，均被解决。此后，刘邦与大臣们白马盟誓："非刘姓为王者，天下共击之。"这一誓约，在汉朝几乎一直被遵守。虽然异姓王不再有，但同姓的王也并不可靠。这些刘姓王，在日后也常常兴风作浪，直到汉武帝时，通过"推恩令"等一系列手段才得以解决。

3. 一人得道，鸡犬升天：一个人修道成仙，他家的鸡犬也跟着能够升天。比喻一个人发达了，其他跟他有关系的人都跟着得势。

4. 黄老学说：黄，指三皇五帝中的"黄帝"。老，指老子。黄老学说，即黄帝和老子的学说，实际上属于道家的一个派别。政治上认为君主应"无为而治"，通过"无为"而达到"有为"，主张轻徭薄赋，与民休息。这种思想非常适合解决汉初面临的各种社会问题，有利于国力的恢复，因而在汉高祖至文景时代都得到了大力推行。

5. 封国制与郡县制：两种地方管理体制。封国制来源于西周时期的分封制。国家的最高领导人天子将国家的土地及土地上的人口分封给有功之臣、宗室后代、前朝贵族等人，诸侯在其封国内享有世袭统治权，可以收取税赋，任免官吏，向下级人员分封土地。但要服从天子命令，定期朝贡，提供军赋和力役，并维护中央的安全。秦朝建立后，在全国推行郡县制，将地方划分为三十六郡，郡下设县，但两者的长官郡守和县令均由皇帝直接任命。西汉初年，沿袭了秦朝的郡县制，但为了快速稳定局势，分封了七个异姓王，后来又分封了九个同姓王，因此出现了郡县制和

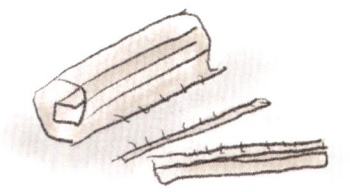

封国制同时存在的情形。封国的存在极容易导致皇帝的权威被地方威胁，汉高祖时的异姓王叛乱、汉景帝时期的七国之乱都是由此引发的。

6. 七国之乱：汉代著名的政治事件，发生在汉景帝时期。由于汉高祖刘邦不信任异姓王，所以在翦除韩信等异姓王后，分封同姓宗族的人为王，建立诸侯国。但同姓之人也并不可靠。到汉文帝时期，刘姓诸侯王的实力渐渐强大，开始挑战中央权威。汉景帝时期，为解决诸侯国尾大不掉的问题，汉景帝采取了晁错的《削藩策》，强行夺取诸侯王权力，结果导致以吴王

刘濞为首的吴、楚、赵、胶东、胶西、济南、淄川七个诸侯国发动叛乱，史称"七国之乱"。该叛乱持续了三个多月，被梁王刘武及太尉周亚夫平定。

7. 中朝：又称内朝，是相对于外朝而言的。汉朝初期，承袭秦朝的三公九卿制，丞相负责统领百官，多由功臣宿将担任，位高权重，控制着朝廷的大小事务，这种日益扩大的相权不可避免地与皇权产生矛盾。汉武帝时期，为了加强皇权、抑制相权，设立了中朝。中朝官员多由皇帝信任的外戚、宦官或其他出身低微的人充任，从而形成了可以和外朝分庭抗礼的新势力。如大司马、侍中、常侍、散骑等均为中朝官职。中朝的设立分散了丞相的权力，加强了皇权，但也为后世的宦官、外戚干政埋下了隐患。

8. 白登之战：又称"白登之围"。汉朝建立初期，北方少数民族匈奴勾结韩王信图谋入寇晋阳（今山西省太原市），汉高祖刘邦御驾亲征。匈奴首领冒顿单于佯装败退，引诱刘邦率轻骑追赶。在平城（今山西省大同市）附近的白登山，匈奴四十万人将刘邦等人围困。刘邦采纳陈平之计，靠贿赂单于妻子才得以逃脱。此战后，汉朝对匈奴采取守势，用和亲之策换取边境和平，慢慢积蓄力量，直到汉武帝时期才再次采取攻势，大举进攻匈奴。

9. 漠南、河西、漠北三大战役：汉武帝时期，汉朝针对匈奴发动的三次大规模战役。汉军统帅为卫青、霍去病，通过这三次战役，"匈奴远遁，而漠南无王庭"。

10. 西域诸国：地理及历史名词。古代典籍中多指玉门关、阳关以西的各个地区及国家。比较有名的有月氏、乌孙、大宛、楼兰、且末、精绝、于阗、龟兹、焉耆、姑师（车师）、墨山等，汉朝曾设西域都护府对该地区进行管辖。

11. 大月氏：西域古国。本来活跃在河西走廊西部张掖至敦煌一带，国名月氏，曾经为匈奴劲敌，击破另一个小游牧部落乌孙，杀其王难兜靡。其后，月氏国被匈奴冒顿单于遣右贤王大败，后又大败于匈奴老上单于，其王被杀，大部分月氏人西迁至伊犁河流域及伊塞克湖附近。西迁之后的月氏称为"大月氏"，留在原来区域的月氏残众称为"小月氏"。之后，乌孙王难兜靡之子猎骄靡长大，为其父报仇，再次西击大月氏，夺取伊犁河流域等地。大月氏再次被迫南迁，经过大宛，定居于阿姆河北岸。后大月氏征服阿姆河南的大夏，分为五部歙侯统治。至公元初，五部之一的贵霜歙侯灭掉了其他四部歙侯，建立起贵霜帝国。

12. 乌孙国：西域古国。原本生活在敦煌附近，其首领称"昆莫"，后被月氏人灭国，昆莫难兜靡被杀，其子猎骄靡被匈奴冒顿单于收养。在匈奴的支持下，猎骄靡复国，并与匈奴一并赶走月氏人。此后，乌孙国一直是匈奴的附庸。汉武帝时派张骞二次出使西域，邀请其返回敦煌至祁连山故地，以便与汉朝一起对抗匈奴。但当时猎骄靡正逢内乱，又很惧怕匈奴，所以不敢结盟，只是派使者跟随张骞赴长安了解汉朝实力。后使者证实汉朝强盛，乌孙遂决心与汉朝建立外交关系。汉武帝将细君公主、解忧公主先后嫁入乌孙。解忧公主巾帼不让须眉，对乌孙国极具影响力，昭帝、宣帝时代，乌孙国都是汉朝对抗匈奴的盟友。

人物小传

汉武帝：名刘彻。汉景帝与皇后王氏所生之子，西汉第七位皇帝。在位期间颇有作为，对内"罢黜百家，独尊儒术"，又通过"推恩令"等手段消除诸侯国威胁，对外曾派卫青、霍去病等人连续北击匈奴，导致了匈奴的衰败，又平定西南少数民族政权，攻灭南越国、卫氏朝鲜等，为汉朝开拓了广阔的疆域，又通过张骞两次出使西域，开辟了丝绸之路，促进了东西方文化的交流。但在位期间，穷兵黩武，导致国力衰退，在围绕外戚干政之事上，又激发巫蛊之祸，引发了政局动荡。年老时，曾发布《罪己诏》，反省自身作为。

汉景帝：名刘启，汉文帝刘恒之子，西汉第六位皇帝。与其父汉文帝开创"文景之治"，在位期间因削藩导致"七国之乱"。

王娡：汉景帝刘启第二任皇后，汉武帝刘彻生母。本来被母亲嫁于平民，生有一女，后因相面时被认为有贵人之相，遂被其母送入太子刘启府中，颇得宠爱。在刘启登基后，封为夫人。后刘启原配薄皇后被废，遂成为第二任皇后。

臧儿：汉景帝王皇后之母，汉武帝刘彻之外祖母。先嫁平民王仲，生一子二女：王信、王娡、王儿姁。后嫁田氏，生子田蚡、田胜。

臧荼：秦末反秦义军将领，本为燕王韩广的部将，后项羽分封诸侯时被封为燕王。后在韩信攻破赵国时，归顺刘邦。楚汉相争结束后，依旧被封为燕王，是七个异姓王之一。但不久因刘邦捕杀项羽旧部而恐惧，遂起兵造反，被刘邦率兵斩杀。

刘邦：西汉王朝的建立者，谥号太祖高皇帝，后世称汉高祖。出身微寒，本为泗水亭长。秦末大乱时，在芒砀山斩白蛇起义，从事反秦斗争。后被楚国项梁、项羽收编。项梁死后，被楚怀王任命为西征统帅，领兵率先攻入秦朝都城咸阳。因不敌项羽，故在鸿门宴后退出咸阳，进驻巴蜀。不久与项羽反目，在楚汉争霸中战胜项羽，建立大汉王朝。后在平定内部叛乱时为流矢所中，不久病逝。

王仲：平民。臧儿之前夫。

王信：汉景帝王皇后同胞兄长，获封盖侯。其后代曾娶汉武帝之女鄂邑长公主，该公主是汉昭帝刘弗陵年幼时的抚养人。

王儿姁：汉景帝王皇后同胞妹妹，王娡入宫后，也推荐王儿姁入宫，封夫人，为汉景帝生四子。

田蚡：汉景帝王皇后之同母异父兄弟，获封武安侯。貌丑陋，但能言善辩。汉武帝时期权相。未得势时，曾与汉武帝祖母窦太皇太后之侄魏其侯窦婴友善。汉武帝继位后，窦婴被封为丞相，田蚡被封为太尉，二人提倡儒学，引起喜好黄老之术的窦氏不满，二人均被罢免。窦氏去世后，田蚡又被起用为相，骄横跋扈，与窦婴频有纠纷，导致后者被杀，田蚡随即病死。传说被窦婴索命而亡。

田胜：汉景帝王皇后同父异母兄弟，曾封周阳侯。

金王孙：汉景帝王皇后前夫，与王皇后有一女，名金俗。

金俗：汉景帝王皇后与前夫金王孙所生女儿，汉武帝刘彻的同母异父姐姐，后被接入宫中，封为修成君。

薄太后：本名薄姬，汉高祖刘邦嫔妃，汉文帝刘恒的生母。本为秦末诸侯魏王豹的姬妾，魏王豹被杀后，被刘邦收纳，但并不受宠。刘邦去世后，吕后专权，尽数屠戮刘邦原先宠爱的嫔妃及其后人，唯独薄姬母子因不受宠，得以存活。吕后去世后，大臣周勃、陈平等人平定吕氏之乱，扶持刘恒登基，薄姬遂成为太后。

薄姬：此处薄姬是指汉景帝刘启的第一任皇后，是薄太后的远亲。薄太后为巩固薄家地位，将其嫁于孙子汉景帝刘启。始终不受刘启宠爱，终因无子被废。

栗姬：汉景帝刘启宠妃，生子刘荣，曾被立为太子。在与王娡的宫斗中，因拒绝刘启姐姐馆陶公主的结亲要求而被进谗言，最终失败，太子刘荣被废。

程姬：汉景帝刘启宠妃，生子刘余、刘非。汉景帝"七国之乱"时，刘非作战有功，由汝南王变为江都王。刘非死后，其子刘建骄横跋扈，意图谋反，导致族灭。唯有一孤女刘细君得以存活。汉武帝时期，为了和亲西域大国乌孙，将刘细君封为公主，远嫁乌孙。

刘荣：汉景帝与宠妃栗姬所生庶长子，曾被立为太子。栗姬失宠后，刘荣亦被废为临江王。其同父异母弟胶东王刘彻得以成为太子。刘荣后被人指控侵占宗庙土地修建宫室，被酷吏郅都审讯，刘荣忧惧自杀。

汉文帝：名刘恒，汉高祖刘邦之子，西汉第五位皇帝。与其子汉景帝开创"文景之治"，在位期间因"缇萦救父"废除肉刑。

刘嫖：汉景帝刘启同胞姐姐，称馆陶公主。刘彻即位后，称馆陶大长公主，尊号"窦太主"。工于心计，曾欲嫁其女于太子刘荣，但被其母栗姬所拒，遂转而指婚于王娡之子刘彻，二人达成政治同盟，最后陷害栗姬，导致栗姬失宠，刘荣被废，刘彻得以继承皇位。

陈阿娇：汉景帝外甥女，馆陶公主之女。汉景帝时，母亲馆陶公主与当时受汉景帝宠爱的王娡结亲，许婚于王娡之子胶东王刘彻。刘彻继位后被册封为皇后，但并不受宠爱。因一直无子，且汉武帝宠幸新人卫子夫，遂行巫蛊之事。事发后被废，幽居长门宫。

窦氏：汉文帝的皇后，汉武帝时的太皇太后。馆陶公主刘嫖、汉景帝刘启、梁王刘武的亲生母亲，汉武帝刘彻的祖母。偏爱幼子刘武，曾要求刘启将皇位传给刘武。刘彻即位后，重用儒生，使魏其侯窦婴为相、武安侯田蚡为太尉，任用赵绾、王臧等执行新政。因而与笃信黄老学说的窦氏产生冲突，在窦氏干预下，新政失败。直到窦氏去世后，刘彻方能大刀阔斧进行改革。

刘武：封梁王，汉景帝之弟，曾被汉景帝指定为皇位继承人，很受母亲宠爱，为汉景帝所忌。著名的"梁园"为其所建，司马相如、枚乘等汉赋名家为常客。

赵绾：汉武帝即位之初，在窦婴、田蚡推荐下任御史大夫，帮助汉武帝进行儒家制度改革，为喜好黄老之术的太皇太后窦氏所忌。其又进言，皇帝做决策不必向太皇太后请示。窦氏大怒，找借口将其下狱。后自杀于狱中。

王臧：汉武帝即位之初任郎中令，同赵绾一起帮助汉武帝进行儒家制度改革，为喜好黄老之术的太皇太后窦氏所忌。后因进言皇帝做决策不必向太皇太后请示，引起窦氏愤怒，下狱，后自杀。

晁错：汉景帝任太子时的"智囊"。景帝即位后，连续提拔其任内史、御史大夫，对其言听计从。为

维护中央权威，力主削藩，招致诸侯国反对，引发"七国之乱"。初期，汉景帝颇为紧张，为了平息叛乱，在袁盎建议下，腰斩晁错，以换取七国罢兵。但晁错死后，七国并未退兵，最后只能武力解决。遂派太尉周亚夫出兵平叛，三个月即获成功。

刘濞：汉高祖二哥刘仲之子，在汉初平定英布叛乱时有功，获封吴王。在封国内大量铸币、煮盐，培植割据势力，谋夺帝位。汉景帝时，御史大夫晁错以强硬手段削藩，首当其冲即为吴国。刘濞遂以"诛晁错，清君侧"名义起兵，纠集吴、楚、赵、济南、淄川、胶东、胶西七国人马向朝廷发难，引发"七国之乱"。后被周亚夫带兵平灭，刘濞被杀。

周亚夫：汉朝开国名将绛侯周勃之子。汉文帝、汉景帝时期名将，曾平定"七国之乱"，治军严整，有"细柳营"之美誉，曾言"将在外，君命有所不受"。

主父偃：汉武帝时大臣。出身微寒，本学纵横之术，后学儒学。在齐、燕、中山等诸侯国皆不受礼遇，后至长安，直接上书给汉武帝。遂被拜为郎中，一年内连升四级，深受重用。其向汉武帝献推恩令，允许诸侯王将自己的封地分给子弟，建立较小的侯国。从而解决了诸侯国威胁中央的问题。后因与齐王生隙，设计害死齐王，引发赵王恐惧。赵王遂抢先状告其收受诸侯贿赂。武帝怒，族诛主父偃。

董仲舒：西汉著名的思想家、政治家。汉景帝时任博士，讲解《公羊春秋》。汉武帝时，上《举贤良对策》，提出"天人感应""大一统"的思想，又提出"罢黜百家，独尊儒术"，为武帝采纳，遂使儒学成为中国封建社会的正统官方思想。任江都王相时，被主父偃陷害，罢相。晚年隐居著述，武帝有疑问，常派人问其意见。廷尉张汤根据其意见整理《春秋决狱》一书，核心论点即依据儒家的伦理道德而非律法来进行司法判断。

卫青：汉武帝时期名将，封长平侯，官至大司马大将军，其三姐为汉武帝皇后卫子夫。北伐匈奴，七战七胜，奇袭龙城，收复河朔、河套等地，远征漠北，用兵大胆，去世后汉武帝为其建形如庐山之墓。

霍去病：汉武帝时期名将，封冠军侯，官至骠骑将军，后世称"霍嫖姚"，其母为卫子夫二姐卫少儿。北击匈奴，封狼居胥。英年早逝，去世后汉武帝为其建形如祁连山之墓。有名言："匈奴未灭，何以为家"，其同父异母弟为霍光。

张骞：汉武帝时期名臣，封博望侯，杰出的外交家、探险家，"丝绸之路"的开拓者，两次出使西域，司马迁赞为"凿空"，即"开通大道"。

细君公主：汉武帝侄子、江都王刘建之女，刘建因谋反被族灭，只有孤女刘细君得存。汉武帝为交好西域大国乌孙，夹击匈奴，答应乌孙国王所请，送公主和亲。汉武帝不愿派自己女儿，遂选中刘细君出塞。刘细君先嫁乌孙国王猎骄靡，在其死后又根据乌孙风俗，不得不嫁猎骄靡之孙军须靡。送亲途中，汉武帝为免其思乡之苦，曾令人做"秦琵琶"以娱之。

解忧公主：先祖为汉高祖刘邦之弟刘交，其祖父为楚王刘戊。汉景帝时参与"七国之乱"，失败被杀。遂家道中落。汉武帝时，为交好西域大国乌孙，应乌孙国王所请，送公主和亲。首先派细君公主，细君公主先后嫁猎骄靡、军须靡两代乌孙王，后早逝。军须靡遂又派人求亲，汉武帝遂选中罪臣之女刘解忧出塞和亲。解忧公主先嫁军须靡，军须靡去世后，嫁其堂弟翁归靡，后又嫁军须靡之子泥靡。一生致力于维护乌孙与大汉盟友关系，数次化解双方危机，并亲自主持汉、乌孙对匈奴的打击，是和亲公主中最有作为的一个。年逾七十，回归长安，受到汉宣

帝的隆重礼遇。

李广利：西汉将领。汉武帝宠妃李夫人之兄。因李夫人受宠而被任用。汉武帝为获取西域汗血宝马，封李广利为贰师将军，出征大宛。结果损兵折将，未获成功。汉武帝大怒，下令封锁玉门关，不许其入关。后再次派李广利出征大宛，终于取胜，但战绩不佳。后汉武帝再次派其出征匈奴，也败多胜少，战损率非常高。其出征匈奴期间，巫蛊之祸发生。太子刘据及皇后卫子夫身死。李广利与其亲家丞相刘屈氂曾谋划让李夫人之子成为太子，事泄。刘屈氂被灭族。李广利恐惧，投降匈奴。匈奴王甚为礼遇，这引起匈奴重臣卫律嫉妒，故陷害李广利，导致其被杀。

赵佗：本为秦朝将领，秦始皇时期被派遣攻略岭南地区。秦末大乱，中央无暇顾及岭南。赵佗遂封闭与中原通道，割据自立，成立南越国。入汉后，在高祖使者陆贾劝说下，臣服汉朝，成为大汉藩属国。吕后专权时期，与汉朝关系转为恶劣。汉文帝时期，又重新臣服汉朝。武帝时期，其去世，年一百岁。二十年后，南越国被汉武帝所灭。其当政期间，促进了岭南地区的开发，加速了中原地区与岭南地区的交流。

吕嘉：西汉时，南越国三朝丞相。为保住权势，掀起南越国内乱，杀死准备投汉的王太后及南越王。汉武帝大怒，兵进南越国，将其擒斩。

路博德：西汉将领。曾以右北平太守身份随霍去病出击匈奴，大胜。后又以伏波将军身份攻占岭南。因子犯法，被削职。后以强弩都尉身份在居延泽筑居延塞并戍守。

杨仆：西汉将领。曾任楼船将军，先率兵与伏波将军路博德一起平定岭南，攻灭南越国。后又率兵与左将军荀彘合作，进攻卫氏朝鲜。但配合不力，两军皆败。

因怀疑谋反，杨仆被荀彘扣押。后朝鲜被攻灭，二人还朝。汉武帝认为二人争功，导致汉军损失。遂诛杀荀彘，将杨仆贬为庶人。

卢绾：与刘邦系同乡，亦是同日生人，二人少年时为好友。追随刘邦起兵，历经反秦战斗、楚汉相争，战功赫赫，封为长安侯，官至侍中、太尉。原燕王臧荼反叛被杀后，深得刘邦信任的卢绾被册封为新任燕王。但在赵国相陈豨自立代王，勾结匈奴造反时，首鼠两端，一面想忠于刘邦，一面又害怕刘邦诛杀功臣而与陈豨暗通消息，导致刘邦对其产生怀疑，命人对其抓捕。卢绾逃遁入匈奴，被封为东胡卢王，最终客死他乡。

卫满：卫氏朝鲜的创立者。本是汉朝时燕王卢绾手下部将。卢绾叛汉后，卫满率兵逃入箕子朝鲜。国王箕准予以厚待。后卫满羽翼渐丰，遂驱逐箕准，建立卫氏朝鲜。当时汉朝政局不稳，辽东太守与其相约成为汉之藩属国。此合约获得朝廷认可。至其孙卫右渠当政，起叛汉之心，终被汉武帝所灭。

卫右渠：卫氏朝鲜第三代国王，卫满之孙。在位期间交恶于汉朝，被汉武帝派兵围城。危急下，其被主降派大臣杀死，卫氏朝鲜灭亡。

涉何：西汉武帝使者。因藩属国卫氏朝鲜对汉朝有不臣之心，汉武帝派涉何去劝说。朝鲜国王卫右渠不肯臣服。涉何还朝途中斩杀护送的朝鲜武将。武帝闻之大喜，封其为辽东郡都尉。卫右渠大怒，派奇兵突袭辽东，斩杀涉何。从而引发了汉朝攻灭卫氏朝鲜之战。

荀彘：西汉将领。以左将军身份与楼船将军杨仆分别从陆、水两条线进攻卫氏朝鲜。双双战败。后复围困朝鲜都城。荀彘攻打紧急，杨仆则攻打和缓。

朝鲜方面打算向杨仆投降，而荀彘则主张必须攻陷都城，二人遂不睦。汉武帝派济南太守公孙遂调解二将。荀彘进言，朝鲜久攻不下，是杨仆故意放水，其恐怕有反叛之心。公孙遂同意，二人扣押杨仆，由荀彘统率两军。汉武帝为免影响军心，诛杀公孙遂。后卫氏朝鲜平定，回朝后，荀彘以争功嫉妒、擅自扣押同僚之罪，被杀死。

卫山：西汉武帝使者。平定卫氏朝鲜之战中，因楼船将军杨仆、左将军荀彘首次进攻先后失败。汉武帝派卫山赴朝鲜说服朝鲜国王卫右渠归降，卫右渠答应派太子随同卫山去长安谢罪。因朝鲜太子携带人马众多，卫山与左将军荀彘怀疑其中有诈，遂不许其携带兵器。而太子亦不相信二人，遂回归朝鲜都城，从而引发了二次战争，卫氏朝鲜终被灭国。卫山还朝后，因此事处置不当，朝鲜降而复叛，被武帝诛杀。

卫子夫：汉武帝刘彻第二任皇后，在皇后位三十八年，谥号思，是中国历史上第一位拥有独立谥号的皇后。本是汉武帝姐姐平阳公主家歌女，与路过平阳公主家的汉武帝结识。后入宫，日渐尊崇，最终被立为皇后。后在巫蛊之祸中被牵连，自杀。一生恭谨克己，贤良淑德。其兄弟卫青、外甥霍去病都是名垂后世的汉朝名将。

平阳公主：汉景帝与皇后王娡之长女，汉武帝刘彻的姐姐。先嫁开国功臣曹参的曾孙平阳侯曹寿（时），生子曹襄，娶汉武帝与卫子夫长女。曹寿死后，嫁开国功臣夏侯婴的曾孙汝阴侯夏侯颇，后夏侯颇畏罪自杀。又嫁长平侯、大司马大将军卫青。卫子夫、卫青原来是其府上奴仆。卫子夫得其推荐，进入皇宫，成为皇后。后又向汉武帝推荐李延年之妹李夫人，也颇受武帝宠爱。

曹参：西汉开国功臣，原为秦朝沛县狱掾，后追随刘邦起义，身经百战，屡立战功，入汉后，被封为平阳侯。刘邦去世前曾指定其为丞相萧何的接班人，后在汉惠帝时，果然继萧何位为相国。在位期间，遵守萧何时期的法令无所更改，坚持清静无为、休养生息的大政方针，为后世"文景之治"打下了坚实基础，也留下了"萧规曹随"的典故。

曹寿：又名曹时。西汉开国功臣曹参之曾孙，汉武帝姐姐平阳公主第一任丈夫。

卫步：西汉人，大将军卫青之胞弟，汉武帝皇后卫子夫之同母异父弟。

卫广：西汉人，大将军卫青之胞弟，汉武帝皇后卫子夫之同母异父弟。史书曾载卫广率兵攻伐西南少数民族政权且兰、昆明国等。但无法证实两个"卫广"是否为同一人。

公孙敖：西汉将领。与卫青关系非常好。汉武帝宠幸卫子夫，引起皇后陈阿娇嫉恨，皇后之母馆陶公主派人杀害卫子夫弟弟卫青，公孙敖率壮士救援，卫青方免于一死。汉武帝因此重用公孙敖。后公孙敖与卫青、公孙贺、李广各领一万兵出征匈奴，公孙敖部阵亡七千，被判死罪，交赎金免于一死，被废为庶民。后被起用，跟随卫青出击匈奴，因功封合骑侯，后又随霍去病出征，结果在沙漠中迷路，耽误了与霍去病会师，导致霍去病孤军深入。公孙敖再次被判处死刑，缴纳赎金后废为庶人。公元前119年漠北大战，公孙敖再次随卫青出征，卫青为让他获得功劳、恢复爵位，调离了任前锋的李广，阴差阳错下李广迷途失道，最终自刎。后公孙敖又几次出征，曾在塞外筑受降城，但多数情况下都大败而归，损失惨重，甚至要靠诈死来逃避惩罚。最后因巫蛊之祸受牵连，被腰斩而亡。

公孙贺：西汉武帝外戚，娶皇后卫子夫二姐卫君孺。曾数次率军北击匈奴，然常常无功而返。唯一一次跟随大将军卫青出击，俘获匈奴王，得以封侯。但很快在酎金夺爵中失去爵位。后武帝欲任命其为丞相，但因武帝时的丞相下场都比较悲惨，所以公孙贺不敢接任。武帝发怒，公孙贺只能同意。后因其子贪污军费一事，引发巫蛊之祸，公孙贺全家被杀。

陈平：西汉开国功臣。少有大志，曾在项羽帐下任职，后投奔刘邦。在楚汉相争中，曾设计离间项羽和其谋士范增之间的关系，导致范增负气出走，从而削弱了项羽的实力。汉朝建立后，为剪除异姓王威胁，曾建议刘邦伪游云梦，逮捕韩信。刘邦被匈奴围困白登山，曾献计重金贿赂单于阏氏，刘邦才得以逃脱。吕后专权时，陈平被削夺实权，吕后死后，联合周勃平定诸吕叛乱，汉朝得以安定。

陈掌：西汉开国功臣曲逆侯陈平之曾孙，因与汉武帝皇后卫子夫之二姐卫少儿有情，被武帝指婚。

司马相如：西汉著名辞赋家。原名司马长卿，因仰慕战国名臣蔺相如而改名。其在景帝朝，与梁王刘武交好，是梁园常客，不受景帝重视。汉武帝即位后，读其代表作《子虚赋》大为赏识，遂召见相如。司马相如又续作《上林赋》，武帝读之大喜，命其为郎。后被汉武帝安排出使并任职西南地区，颇有作为。其用绿绮琴弹奏《凤求凰》以与卓文君相爱、与爱侣卓文君当垆卖酒、为陈皇后创作《长门赋》等事广为流传。

刘据：汉武帝与皇后卫子夫所生嫡长子。早年被立为太子，但因性格宽厚，不类武帝，加上卫子夫年老色衰，汉武帝又欲清除卫氏外戚，终于被卷入巫蛊之祸，绝望下起兵反叛，被武帝派丞相刘屈氂击败。刘据最终自杀，全家几乎灭族。只留下其孙子刘询得以逃脱，后来成为汉宣帝。

枚皋：西汉文人，汉赋名家枚乘之子。得汉武帝青睐，才思敏捷，谈吐滑稽，常曲言进谏。

东方朔：西汉武帝时著名文学家，才学广博，性格诙谐，滑稽多智。常曲言进谏武帝，有很多故事流传后世。

李夫人：汉武帝宠妃，协律都尉李延年、贰师将军李广利之妹。经李延年及汉武帝姐姐平阳公主推荐，得以入宫，生下一子昌邑王刘髆。不久病逝，生病时，坚决拒绝汉武帝探看，以保持在皇帝心中的美好形象。其子曾被其兄李广利谋划立为太子，但失败。

李延年：西汉著名音乐家。因犯法被施以腐刑，为宫中奴仆，因擅长音乐，得武帝宠爱。为武帝做《佳人曲》，其妹得以入宫。李延年也因此而被封协律都尉，后因其弟罪过牵连，被灭族。

刘髆：汉武帝宠妃李夫人所生之子，获封昌邑王。在巫蛊之祸后，皇后卫子夫及原太子刘据皆死，其曾被舅舅李广利及丞相刘屈氂谋划立为太子，但失败。刘髆死后，其子刘贺承袭爵位。汉昭帝刘弗陵去世后，刘贺曾被扶立为太子，但荒唐无道，很快被霍光所废。

公孙敬声：西汉武帝时期大臣。丞相公孙贺与皇后卫子夫大姐卫君孺之子。凭仗家世显赫，嚣张跋扈，横行不法。因贪污军费被下狱，辗转引发巫蛊之祸，全家皆被诛。

朱世安：史称阳陵大侠。这里的"侠"非褒义词，是"以武犯禁"之意。因犯罪被武帝下诏缉捕。适逢丞相公孙贺为谋求救子公孙敬声，遂自告奋勇捉

拿朱世安。朱世安被捉后，诬陷公孙敬声与汉武帝女阳石公主私通，且行巫蛊之事，武帝命人彻查，从而引发巫蛊之案。

阳石公主：汉武帝女，母亲不详。被诬称与太仆公孙敬声私通，引发巫蛊之祸，最终被含冤处死。

卫伉：大将军卫青与汉武帝姐姐平阳公主所生长子，承袭其父爵位长平侯，因巫蛊之祸，被牵连处死。

诸邑公主：据说为汉武帝与卫子夫所生之女。因巫蛊之祸被处死。

江充：汉武帝时期大臣，因经常与各类权贵做对，深受武帝喜爱。巫蛊之案发生后，有意将矛头指向与自己有隙的太子刘据，并亲手炮制证物。导致巫蛊案件扩大，刘据愤而反击，杀死江充，并起兵反叛，终不敌。

太子刘据、皇后卫子夫双双自杀。后汉武帝醒悟太子被冤，遂将江充灭族。

苏文：汉武帝时期宦官。巫蛊之祸时，与江充一道炮制巫蛊证据构陷太子刘据。太子死后，汉武帝察觉被骗，烧死了苏文。

刘屈氂：汉武帝时期丞相。汉武帝之侄子，中山靖王刘胜之后。巫蛊案发生时，太子刘据反叛，刘屈氂带兵镇压。曾与亲家李广利谋划册立李夫人之子昌邑王刘髆为太子，后事泄，加上有人指证其妻行巫蛊之事，夫妻二人皆被诛杀。

刘询：汉宣帝，西汉第十位皇帝。原名刘病已，其祖父即汉武帝的废太子刘据。刘据在巫蛊之祸中全家几乎被杀，只有刘询在狱中被廷尉监邴吉保护、后被祖母史家收养，得以逃脱。汉昭帝驾崩后，无子。权臣霍光先立昌邑王刘贺为帝，但其人昏庸无道，遂被废。霍光等人遂立刘询为天子。在位期间，颇有作为，对内清除权臣霍光等外戚势力，对外与乌孙夹击匈奴，导致南匈奴呼韩邪单于归顺，并在西域首次设立西域都护府。这段时间史称"昭宣中兴"。

刘弗陵：汉昭帝，汉武帝之子。八岁继位。登位时由霍光、金日磾、上官桀、桑弘羊等辅政，后金日磾去世，上官桀、桑弘羊反对霍光，不敌，被杀。昭帝遂专任霍光。在位期间，延续武帝后期的休养生息政策，使汉武帝时期穷兵黩武、奢靡无度带来的负面局势得以扭转。史称"昭宣中兴"。

钩弋夫人：又称赵婕妤。汉武帝宠妃。据说其出生后一直手握拳头，不能伸展。汉武帝初见其时，将其手轻轻掰开，发现手中有一玉钩，以为奇。后带入宫中，颇为宠爱。也被称为拳夫人、钩弋夫人。后生子刘弗陵，据说该子与上古尧帝的怀孕时间一样，都是十四个月，故称其所生之宫门为尧母门。后汉武帝想立刘弗陵为太子，继承自己皇位，但因刘弗陵年纪尚幼，担心自己死后，子弱母强，又出现汉初吕后专权的事情，遂下令杀死钩弋夫人。史称"杀母立子"。

霍光：西汉著名权臣，霍去病同父异母弟。麒麟阁十一功臣之首。常与商朝的贤相伊尹并称"伊霍"，二人都曾辅佐年少帝王，且有废立帝王之行，后世常以"行伊霍之事"代指权臣摄政废立帝王。